육조대사

대은스님 저

효림

육조대사

초 판 1쇄 펴낸날 2022년 12월 15일
지은이 대은스님
펴낸이 김연지
펴낸곳 효림출판사
등록일 1992년 1월 13일 (제 2-1305호)
주 소 서울특별시 서초구 반포대로14길 30, 907호 (서초동, 센츄리I)
전 화 02-582-6612, 587-6612
팩 스 02-586-9078
이메일 hyorim@nate.com

값 3,500원

ISBN 979-11-87508-84-7(03220)
잘못 만들어진 책은 바꿔 드립니다.

발 문

나의 은사이신 대은大隱(1898~1989) 스님은 일찍부터 포교에 온 정열을 바치신 분이다. 그래서 '포교왕', '포교 미치광이'로 불리기도 하였다.

특히 쉬운 글로써 대중들을 이끌어 들이고자 〈육조대사〉 〈보덕각시의 연기〉 〈부설거사〉 등의 소설책을 직접 저술하시고, '불교시보'라는 잡지를 발간하여 초심 불자들을 위한 불교 입문의 글과 신심을 불러일으키는 글들을 집중적으로 수록하였다.

지난 2009년, 나는 스님께서 남기신 글들을 집대성하여 『대은대종사문집』 총 7권을 발간하였는데 그 방대한 글들을 보며 스님의 포교 원력과 능력에 대해 크게 감격하지 않을 수 없었다.

그런데 그 전집에 빠진 작품인 〈육조대사〉가 최근 입수되었다. 충주시 중앙탑면에서 고미술점을 경영하는 이병창씨가 불교신행연구원 김현준원장에게 1932

년에 발간한 〈육조대사〉 초간본을 주면서, "세상 사람들이 두루 읽을 수 있게 새로 발간을 해달라"는 것이었다. 그 소식을 듣고 나는 큰 기쁨으로, "책을 내자"고 하였다.

은사스님의 살아생전인 1975년에 불국사 조실 월산스님이 이 초간본 '〈육조대사〉를 보고 발심하였다며 그 책을 법보시판으로 내고 싶다'고 하여, 백방으로 수소문하였으나 초간본 책을 찾지 못했었다. 그래서 은사스님께서는 다시 글을 써주신 일이 있었고, 그 글만을 문집에 수록하였는데, 이제 이렇게 초간본 〈육조대사〉가 빛을 보게 된 것이다.

이 모두가 포교에 대한 스님의 깊은 원력에서 발현된 기쁨이리라. 책을 보시한 이병창처사와 김현준원장, 발간을 해준 효림출판사에 감사드리며 이 작은 책이 발심의 밑거름이 되기를 축원해본다.

불기 2566년 11월 결재일에

서울 홍원사에서 동주 원명 합장

육조대사

대은 김태흡 저

1.

"자, 어서 배에 오르게. 여기서 머뭇머뭇하다가 그들에게 붙들리면 무수한 봉욕을 당할 모양인즉."

오조홍인(五祖弘忍) 대사는 구강역(九江驛) 가에 이르러서 육조혜능(六祖惠能)에게 이와 같이 배에 오르기를 재촉하였다.

달도 뜨지 아니한 어두운 밤에 악한 무리를 피하여 구사일생으로 신명(身命)을 보존하여, 오조대사가 가자는 대로 논둑 밭둑 할 것 없이 허둥지둥 자빠지고 엎어지면서 쫓아 나온 육조대사는, 이제야 살았다는 듯이 숨찬 가슴을 진정하고 선상(船上)에 올라서 '후유'하고 한숨을 쉬었다.

그리고 곧 삿대를 잡고 배를 띄우려고 한다. 이

때에 오조대사가 뱃머리에 앉아 말씀하신다.

"내가 지금 자네를 건너 주려고 삿대를 찾는 판인데, 어느 틈에 자네가 벌써 찾아 들었네그려. 그러나 배만 띄우게. 노는 내가 저음세."

"아니올시다. 미(迷)했을 때에는 스님께서 소승(小僧)을 건너 주시지마는, 깨친 이상에는 제 몸을 제가 스스로 건너는 것이오니, 아무 말씀 마시고 그대로 앉아 계십시오."

육조대사는 이와 같이 오조대사께 대답하고 얼른 삿대를 놓고 와서 노를 젓는다. 밤은 극히 고요하다. 물소리가 출렁출렁할 뿐이요, 밤에 우는 새소리가 이따금 이따금 들릴 뿐이다.

오조대사와 육조대사의 이별을 재촉하는 노 젓는 소리가 삐걱삐걱하고 들릴 때에, 두 분은 물론이려니와 물귀신까지라도 슬퍼하지 아니할 수가 없으며, 산천초목까지라도 근심을 머금는 듯하였으리라.

오조대사와 육조대사는 한참이나 말이 없는 가운데 강물을 바라보며 파도치는 물결 위에 둥둥 떠서 반 정도 건너게 되었을 때, 동쪽으로부터 새 달이 밝게 떠오른다.

오조대사는 육조를 바라보고 말을 건넨다.

"이제 장래의 불법은 자네를 인하여 크게 발전이 될 것인즉, 아무쪼록 자네가 힘써 보기를 바라네. 자네는 과연 불법 중의 기둥이요 대들보며, 불 가운데 솟아오른 연화꽃일세."

물결만 바라보고 노를 젓던 육조대사는 이 말을 듣고 슬픈 얼굴빛을 지으며 다시 오조대사를 바라보았다. 그리고 온공한 말로써 대답을 하였다.

"황송하온 말씀이옵니다. 소승 같은 것이 이다음엔들 어찌 남의 사표 되기를 기약하겠습니까? 스님을 의지하여 다못 생사대사(生死大事)를 판단한 것만 다행으로 여길 뿐입니다. 그러나 스님의 의발(衣鉢)을 받았사온즉 힘이 미치는 데까지 중생제도에 노력하기로 결심하겠습니다."

두 분의 대사는 이렇게 말을 주고받고 하는 새에 어느덧 구강(九江)을 건너왔다. 이곳에서 내리지 않으면 아니 되게 생겼다.

"자 다 건너온 모양일세. 어서 내리세. 이제야 겨우 내 마음이 놓이네. 그것들이 쫓아온들 강변에 배가 없는 이상에야 저들이 건너올 수가 있겠나."

오조대사는 이러한 말을 하며 육조대사의 마음을 편안하게 하여주며 배에서 내리기를 재촉하였다. 육조대사는 말없이 오조대사를 따라서 내린다. 오조대사는 강변에 서서 육조대사를 바라본다.

"여보게 혜능. 이제 갈리면 언제 볼는지 기약이 없네그려. 내가 오직 심법(心法)을 전할 데가 없고 의발을 부칠 곳이 없어서 항상 근심으로 지내다가, 자네 같은 법기(法器)를 만나서 다 전하고 본즉, 마치 무거운 짐을 졌다가 내려놓은 것 같네. 그러나 지기(知己)와 같은 사제 간이 한 절에서 같이 있지를 못하고 갈리게 되니, 섭섭한 말을 다 할 수가 없네그려."

말끝에 오조대사는 다시금 눈물을 지운다.

이 광경을 목도한 육조대사도 슬픈 생각을 다할 길이 없었으리라. 그러므로 수건을 들어 눈을 씻는다.

"스님! 너무 슬퍼하시지 마십시오. 이번에 가서 자리만 잡게 되면 곧 와서 뵙고자 합니다. 그러나 부모보다도 더 중한 스님을 모시지 못하고 떠나가는 생각을 하니, 소승의 슬픔도 다할 길이 없습니다."

"여보게. 이렇게 하다가는 이곳에서 날이 샐지도 모르겠네. 어서 돌아서게. 아무쪼록 어두운데 조심하여 가게."

"그럼 스님께서도 안녕히 가십시오. 여쭐 말씀이 많사오나, 사정이 사정인만큼 길게 끌 수가 없사온지라, 소승은 바로 가겠습니다."

육조대사는 이렇게 오조대사께 고별한 후, 가다

가 돌아보고 가다가 돌아보면서 떨어지지 않는 발걸음을 옮겨 놓았고, 오조대사도 혜능의 외로운 그림자가 사라질 때까지 강변에 섰다가 발자취를 감추고 말았다. 그러면 육조대사는 어떠한 대사인가?

2.

지나(支那)(중국) 당(唐)나라 무덕(武德) 천자가 계실 때에 남해신주(南海新州)라는 곳에 '노행도'라는 사람이 있었으니, 이 양반은 일찍이 변변치 못한 벼슬을 살며 지방 관원으로 많이 있었다.

그러나 원래부터 품성이 고결하고 천성이 인자하여서, 백성을 대하되 친자식과 같이하고, 무엇이든지 곳간에 여유가 있으면 남에게 퍼주기를 좋아하였다. 그런 까닭으로 벼슬살이와 고을살이를 그칠새 없이 하였으나 집안은 늘 어려웠다.

그러나 그는 빈한함을 괘의치 않고 늦도록 자식

이 없음만을 슬퍼하였는데, 남에게 적덕을 행하는 것도 귀여운 자식을 낳고자 함이었다. 또 자식을 낳더라도 평범한 자식은 뜻하지 아니한 바라, 항상 매우 뛰어난 자식을 낳고자 하였다. 그래서 자식 발원의 목적으로 명산과 대찰을 찾아다니며 기도를 드림도 한두 번이 아니었다.

그의 부인되는 이씨(李氏)는 남달리 신심(信心)이 깊은 사람이라, 더욱이 기도를 드리고 정성을 닦기에 여념이 없었다. 그런데 어느 날에는 이씨가 잠을 자는데 이상한 몽조를 보게 되었다.

그 몽조라 함은, 어떠한 보살님이 구름을 타고 공중에서 내려오더니 품 안으로 들어가는 몽조였다. 이 꿈을 꾸고 나니 이상한 향내가 방에 가득하고 심신이 상쾌하였는데 이때로부터 태기가 있어서 이씨 부인의 몸은 무거워졌다.

그러나 이상하였다. 십 삭(열 달)이 지나도 아무 동정이 없고 스무 달이 지나도 아무 동정이 없었다. 그래서 기뻐하던 남편 행도도 낙망을 하고 무슨 병에 걸린 것이라고 생각하였다. 그리고 당자되는 이씨 부인도 역시 병으로 자처하였다.

그래서 이씨 부인을 빈정거리며 흉보는 사람도 많았다.

"너무도 불심이 많더니 귀동자 낳는 대신에 괴(怪)를 다 배었군."

이렇게 이씨 부인은 여섯 해를 지나서야 별안간에 아랫배가 아프더니 귀동자를 출생하였다.

그런데 그 어린애의 머리로부터 한 줄기의 광선이 하늘로 치뻗으며 아름다운 향내가 집안에 가득하였다. 그러므로 어린애의 아버지 되는 노행도도 기쁨이 만면하여 어찌할 줄을 몰라 하였다.

하룻밤을 지났을 때 어디로부터 왔는지 알 수 없는 거룩한 대사님 한 분이 동냥하러 다니는 승려와 같이 노행도의 문간에 나타나서 주인을 찾더니, 인사말을 건넨 뒤에 이렇게 묻는다.

"댁에서 귀한 동자가 나신 일이 있습니까?"

그래서 노행도도 이상하게 여기고 대답하였다.

"대사님은 어디서 오신 어른인데 그렇게 잘 아십니까?"

"예. 내가 다 알지요. 그런데 그 애의 이름은 혜능(惠能)이라고 지어주기를 바랍니다."

"대관절 혜능은 무슨 뜻입니까?"

"네 혜(惠)라고 하는 글자는 은혜 혜 자로, 좋은 법으로써 일체중생에게 혜택을 주어서 건져준다는 뜻이요, 능(能) 자는 능히 불사(佛事)를 짓는다는 뜻입니다."

이 말이 떨어지자마자 그 대사님은 온 데 간 데가 없이 자취를 감추고 말았다.

그런데 혜능은 나면서부터 어머니의 젖을 빨지 않고 굶으면서 큰다. 그러나 울고 보채는 법도 없다.

그 어머니가 하도 이상스러워서 어느 날 밤에 자지를 않고 일부러 딴 방에 가서 자는 아기를 바라다본즉, 한밤중이 되더니 난데없는 풍악 소리가 진동하며 하늘 사람이 무수하게 내려온다. 그래서 무슨 병을 기울이더니 감로수(甘露水)를 혜능의 입에 대어준다. 그 후부터 이씨는 안심하고 젖 먹일 생각을 끊어버렸다.

이럴수록 노행도의 두 부부는 혜능을 금지옥엽과 같이 귀엽게 키우고, 장래의 뒤만 생각하며 그날그날을 즐겁게 보냈다.

그런데 혜능이 세 살 먹던 해에 그 아버지되는 노행도가 우연하게 병이 들더니 그만 불행하게도 이 세상을 하직하고 만다. 이씨는 아무것도 모르는 혜능을 껴안고 앉아서 두 다리를 뻗고 대성통곡을 하였다.

"그렇게 귀여워하던 자식의 뒤를 이내 보지 못하고 그만 세상을 버렸구려."

이와 같이 넋두리를 하면서 구슬픈 울음을 울 때에는 지나가던 동네 사람도 동정의 눈물을 흘리지 아니할 수가 없었다.

이씨 부인은 죽은 남편을 출상한 후 홀어머니가 되어서 외아들인 혜능을 하늘같이 믿고 태산같이 믿으며 적막한 생활을 계속하였다.

남편이 살아있을 때에는 관의 녹을 받아 그다지 곤궁하게 지내지를 아니하였지마는, 남편을 잃은 뒤로부터 점점 집안이 줄어들고 패하여 갈 뿐이었다. 그렇기 때문에 읍에서 살던 집을 팔고 촌으로 나오게 되었고, 혜능도 서당에 넣을 나이가 되었지마는 서당에 보낼 도리가 없었다.

그래서 혜능은 육칠 세부터 지게를 지고 산에 가서 나무를 해오게 되었다. 어머니는 남의 집에 품앗이를 다니며 쌀 됫박씩 팔아 오고, 아드님 되는 혜능은 산에 가서 나무를 하여다가, 그날그날에 굴뚝의 연기를 끊지 않고 가는 연기를 내며 입에 풀칠을 하고 살게 되었다.

혜능은 차츰차츰 자라면서부터 그 어머니를 편

안하게 모시고 싶어 했다. 그러나 배운 것이 오직 나무 베는 일밖에 없는지라, 모처럼 큰 뜻을 내었으나 물거품으로 돌아갈 뿐이었다.

그래서 혜능은 나무 장사를 시작하여, 하루 한 짐씩 걸머지고 장에 가서 팔고, 쌀 되씩 사가지고 집으로 돌아와서 밥을 지어 먹고 그 어머니를 위하고 있었다. 그러다 보니 혜능은 머리가 봉두난발이 되고 손가락은 험하기 짝이 없이 되었다. 그 어머니는 혜능의 얼굴을 들여다볼 때마다 다시금 한숨을 짓고 눈물겨워 하기를 마지아니하였다.

"너의 아버지가 살아 계셨더라면 이렇게 험한 생활은 하지 않고, 그래도 글자를 배워서 과거라도 하고 세상에 출세하여서 입신양명을 할 것인데, 이제는 그만 상놈이 되고 말았구나."

이씨 부인은 어느 때에 이렇게 말을 하고 눈물을 흘리며 애끓는 간장을 태웠다. 그리고 다시 계속하여 말하였다.

"너도 이제 나이 이십이 넘었으니 장가도 들어서 댁내를 맞아들여야 하지 않겠느냐? 그런즉 어서어서 한 푼이라도 모아라. 내가 적으나마 철냥이 있으면 자식의 장가 밑천이라도 대어줄 것인데, 그렇지 못한즉 부모된 보람이 없구나. 그러나 모두 운수소관이니 어찌할 수 있느냐? 아무쪼록 네가 꾀있게 잘 벌어서 어서 장가를 들고 하여 귀여운 손자라도 보게 하여라."

이와 같이 혜능을 보고 마음속에 없는 말을 하였다. 그러나 혜능은 이에 대하여 들은 체도 않고, 장작이나 패고 물이나 길어 오고 불이나 지폈을 뿐이다.

3.

어느 날에 혜능은 장작을 한 짐 짊어지고 장으로 나갔다. 장작 짐을 지고 장 가운데로 지나가자니까 어떤 객승(客僧)이 남의 집 문간 밖에서 금강경을 외우고

서 있는데, 그 경 읽는 소리를 들은즉 그전에 많이 듣던 소리같이 반가우며 가기가 싫었다.

그래서 무거운 나무 짐을 진 것도 잊어버리고 장승처럼 서서 그 경 읽는 소리를 유심하게 듣다가, '마땅히 주착하는 바가 없이 그 마음을 내라'하는 구절에 다다라서 혜능은 홀연히 깨친 바가 있었다.

나무 짐이며 몸뚱이까지 잊어버린 듯, 마음이 상쾌하여 곧 공중으로 날아서 올라갈 것 같았다. 그래서 그 객승의 독경 소리가 끝남을 기다려서 물었다.

"여보십시오. 지금 읽으신 글이 무슨 글이오니까?"

"아 지금 내가 읽은 글 말인가? 이 글은 금강경(金剛經)이라는 불경일세. 그 총각이 나무 짐은 지고 다녀도 책 권이나 배운 모양이로군. 무슨 책까지 배웠나?"

"아니올시다. 글하고는 나와 손방입니다. 나는

무식하여서 글자라고는 한 자도 모릅니다. 그러나 스님의 외우는 글 소리를 들은즉, 저의 가슴이 시원하여지며 이상하게도 마음이 열리는 것 같아서 여쭙는 것입니다. 그런데 그 경은 어디서 가르치며 누가 잘 아는지를 들려주실 수가 없겠습니까?"

"그것참 이상한 말도 듣겠군. 글은 모르노라 하면서도 글 소리가 좋다고 하니, 다 숙연(宿緣)이로군. 여보게. 이 경책은 황매산(黃梅山)이라는 산에 절이 있는데, 그곳에 있는 오조홍인대사(五祖弘忍大師)라는 스님이 항상 이 경책을 여러 사람에게 권하고 있으니 거기 가서 물어보게. 저런 사람이 중이 되면 반드시 크게 되렸다."

객승은 이렇게 대답을 하고 '나는 바빠서 가네' 하며 홀연히 자취를 감추고 만다.

혜능은 이때에 중 될 생각이 문득 나서 그 걸음으로 황매산을 찾아가고 싶었다. 그러나 어머니를 생각한즉 그렇게 급속히 갈 수가 없는지라, 나무를 팔아가지고 쌀을 사서 지고 집으로 돌아갔다.

그리고 다시 어떠한 동네 양반에게 잘 말을 하여서, 일 년 동안 먹을 양식을 구하여 어머니께 올리고, 어머니에게 '중이 되러 갈 터이니 허락하시겠느냐'고 물었다. 그리한즉 그렇게도 잘 되기를 바라는 자식이언만, 무슨 생각한 바와 결심한 바가 있는 듯이 말하였다.

"오냐 중이 되고 싶거든 가거라. 본시부터 부처님께 빌어서 난 너인데 어찌 세상에서 살기를 바라겠느냐? 네가 중이 되고자 함은 네 마음이 아니라 부처님께서 부르시는 것이다."

"그렇지만 어머니께서 고생하실 생각을 한즉 쾌히 갈 수가 없습니다."

"고마운 말이다. 그러나 산 입에 거미줄 치겠느냐? 죽은 사람이 불쌍하지. 산 사람은 다 먹고살게 마련이니까 내 걱정은 아예 말고, 어서 네 소원대로 산으로 가거라. 그래서 아무쪼록 훌륭한 도승이 되어서 이 불쌍한 어미를 제도나 하여다오. 그러나 네가 원체 배운 것이 없는 고로, 중이 되어도 훌륭한 중이 될 것 같지 아니한 이것이 걱정이다."

"그러면 이 불효한 자식은 곧 황매산으로 가겠습니다. 어머님 안녕히 계십시오."

혜능은 의복도 갈아입지 아니하고 봉두난발 그대로 떠나려 한다. 이씨 부인은 헌 옷가지 꾸며 놓은 것을 내어준다.

"얘야, 너무 흉하다. 머리라도 다시 빗어 땋고 옷을 갈아입고 가거라."

"그만두십시오. 산으로 가는 사람이 모양 볼 것이 있겠습니까? 이대로 좋습니다."

그리고는 절을 하더니 그대로 가버리고 만다. 이씨 부인은 눈이 빠지도록 혜능의 가는 뒷모양을 바라다보며 눈물이 글썽글썽하였다.

4.

도를 구하는 마음이 간절한 혜능은 봉두난발로서 황매산에 나타났다. 이 산에는 칠백 명이나 되는 수행납자가 우글우글 끓는 절이라, 여러 납자들은 촌스럽디촌스러운 혜능을 보고 별별 잡소리를 다 하며 놀려댄다. 혜능은 오조홍인대사(五祖弘忍大師)께 인사를 드렸다. 오조대사는 혜능을 이상스럽게 여겼던지 묻는다.

"너는 어디서 온 아이냐?"

"네, 영남(嶺南)서 왔습니다."

"그러면 이 산 중에 무엇을 구하러 왔느냐?"

"오직 부처가 되려는 소원입니다."

"부처가 되고 싶어? 그러나 영남 사람은 불성이 없는데, 네가 어찌 부처가 되겠다고 하느냐?"

"스님, 무슨 그런 말씀을 하십니까? 사람은 남북이 있지마는 불성에도 남북이 있습니까?"

하며 혜능은 성을 내었다. 그리한즉 오조대사는 법그릇인 줄을 알면서도 무안하신 듯이 꾸짖어 이르셨다.

“꼴보다 말은 제법 한다마는, 네 꼴에 부처가 다 무어냐? 헛간에 가서 일이나 하고 있거라.”

그리고는 내쫓는다.

혜능은 할 수 없이 오조대사에게 인사를 드리고 그날부터 방앗간에 들어가서 방아꾼 노릇을 하게 되었다. 칠백여 명이나 먹어대는 공양미 쌀을 혼자 맡아서 찧어내는 고로, 밤이나 낮이나 쉴 새가 없었다.

그나마 방아가 물방아나 연자방아 같더라도 힘이 덜 들 터인데, 방아조차 디딜방아라 몸은 가볍고 힘이 약하여서 찧어내기가 어려운 고로, 등허리에 무거운 돌멩이를 지고 디딜방아에 올라서서 오르고 내리기를 마지아니하였다.

應無所住而生其心
그러나 ‘응무소주이생기심이니라’ 한 금강경의 글

귀를 한시도 잊어버리지 않고 참구(參究)하며 보림(保任)하기를 쉬지 아니하였다.

부처가 되어보려고 큰 뜻을 품고 다정한 어머니까지 버리고 출가한 혜능은 오나 가나가 마찬가지로, 산에 와서 있다는 말뿐이요, 몸의 고역은 마찬가지였다. 마실집에서 나무꾼으로 있던 것이 절에 와서 방아꾼이 되었을 뿐이다.

그리하여 동무들의 천대와 육신의 고통은 가고 갈수록 더욱이 심하였다. 오히려 산에 오지 아니한 것이 나았을지도 모를 일이다.

그러나 혜능의 심리작용에 있어서는 그때에 객승으로부터 금강경의 법문을 듣고 활연대오(闊然大悟)를 하였는지라, 산에 와서 더 깨칠 것도 없으며 구할 것도 없다. 다만 보림할 뿐이요 깨친 바를 지킬 뿐이다.

그렇기 때문에 오조대사를 지기(知己)로 알고 말없이 영지(靈知)가 상통하여 든든하게 여기고 있을 뿐이다. 그러므로 여덟 달 동안을 하루 같이 고역을 겪되 싫다는 말도 없으며, 법을 물어보려는 생각도 없이 천진보살 그대로 지내오게 되었다.

그리고 중이 되려고 왔건마는 오계십계(五戒十戒)를 받는 사미승(沙彌僧)도 되지 못한 채 사미견습생인 행자(行者)로 있었다.

말하자면 노도령 노총각 노처사 노행자로, 아주 말석에서도 또 말석인 가장 낮은 지위로, 칠백 승려가 공부하는 큰방에도 들어서 보지 못하고 방앗간에서 먹고 자고 있게 되었다.

이것을 보면 이렇게 근고노력한 혜능대사도 장하지마는, 불법의 동량이 되며 도기(道器) 법기(法器)가 되리라고 미리 알아차리고 방앗간에 집어넣은 오조대사의 견식이 더 장하다고 아니 볼 수가 없다.

그러나 혜능대사로 하여금 언제까지나 방앗간에만 처박아둘 수가 없는 사정이라, 오조대사는 혜능에게 의발(衣鉢)을 전하여 멀리 보내서 불법을 크게 발전시키려는 생각이 솟아났다.

그러나 칠백 명의 대중이 너도나도 하면서 모두 오조대사의 의발을 다투고 있는 판이라, 까딱 잘못하면 혈전(血戰)이 일어날 형편이다. 그런 까닭으로 오조대사는 어느 날에 묘한 꾀를 내었다. 그래서 어느 날에 대중에게 말하였다.

"정법(正法)은 깊고 깊어서 알기가 어려운 고로, 대중 가운데 득도한 자가 있으며 오도(悟道)한 자가 있다 할지라도 용이하게 인가를 할 수 없으니까, 각각 뜻대로 게송(偈頌)을 하나씩 지어서 가지고 오도록 하라. 그래서 만일 내 뜻에 부합하면 의발을 전하고자 하노라."

이 말이 뚝 떨어지니 칠백 명의 대중은 귀먹은 듯, 소리가 없이 서로서로 얼굴만 쳐다보며 두리번두리번할 뿐이었다.

이때에 칠백 명 대중 가운데 가장 존경을 받는 이는 신수대사(神秀大師)로, 그가 가장 높은 자리에 있는데, 내외서적을 무불통지하고 선지(禪旨)도 놀랍다고 하는 재덕을 겸비한 수좌(首座)였다. 그래서 여러 사람들이 신수대사의 얼굴을 살핀다.

"우리 회중에야 신수대사를 내어놓고 누가 감히 당할 사람이 있나? 아무리 하여도 오조대사의 의발은 신수대사에게로 전하게 되는 게지."

이와 같이 귓속말로 중얼거리는 말소리가 들린다. 여기저기서 들려옴을 눈치챈 신수대사는 자부심이 없는 것도 아니었다.

그러나 오조대사의 인가를 맡기에 적당한 글을 지으려 한즉, 입이 벌어지지를 아니하고 붓이 써지지를 아니한다. 그러므로 신수는 똥이 타도록 애를 써서 글 한 수를 지었으나, 직접 오조대사에게 갖다 바칠 용기가 없었다.

그래서 몇 번이나 주저주저하다가 여러 사람이 통행하는 누마루 벽상에다가 사람이 보지 않는 틈을 타서 써 붙였다.

몸은 보리의 나무요
마음은 명경의 대이니
시시로 떨고 씻어서
더럽히지 말지로다

신시보리수　심여명경대
身是菩提樹　心如明鏡臺

시시근불식　물사야진애
時時勤拂拭　勿使惹塵埃

오조대사가 아침에 지내시다가 문득 이 글을 보고 곧 신수의 소위임을 알았다. 그래서 찬탄하여 말씀하셨다.

"후대에 누구든지 이 글로 공부할 것 같으면 승과(勝果)를 얻을 것이다. 누가 지었는지는 모르되 매우 잘 지은 글이다."

이렇게 무수히 칭찬하시었다. 본시부터 이 벽상에는 능가변상도(楞伽變相圖)를 그리려 하였는데, 이 글이 쓰여 있음을 보고 중지하였다.

그리고 여러 제자에게 '이 글을 외우고 이 글로

공부를 하라'고 권하였다. 그러므로 여러 사람들은 서로 다투어가며 이 글을 외우고 읊기를 마지않는다. 심지어 사미승 아이들과 부목까지도 이 글을 외우게 되었다.

혜능대사는 방앗간에 있으면서도 이 글을 귀동냥하여 듣게 되었다. 그래서 어떤 젊은 중에게 물었다.

"그 떠들썩하게 외우고 다니는 글이 무슨 글이요?"

"저런 제기 천치 같으니라고. 무식한 사람은 할 수가 없단 말이야. 그걸 모른단 말인가? 지금 오조대사께서 법을 전하려고 대중에게 각각 글을 지어 오라고 하여서, 우리 신수대사가 그렇게 글을 지어서 저 통행하는 벽상에 써 붙였더니, 오조대사께서 인가하시고 극구 찬탄하신 글인데 그것을 모른단 말인가? 에라 멍텅구리 같으니라고. 저런 게 다 밥을 먹고 사니까 우리 대중의 양식이 귀할 수밖에 더 있나."

"그러면 그 글의 뜻을 나에게 좀 일러서 들려주구려."

"그것참, 성가시게도 구는군. 자네에게 일러주면 무얼 하나? 우이독경이지 무얼 알겠나?"

"그렇지만 좀 들어봅시다."

"그러면 자, 새겨서 들려줄 테니 잘 들어보게. '몸은 보리수요 마음은 명경대와 같으니, 시시때때로 부지런히 떨고 씻어서 때가 끼지 말게 하라'는 의미일세. 자, 그만하면 알았는가?"

"예. 다 알았소이다. 그러나 아름답기는 하되 요달(了達)하지는 못한 글이외다."

"건방지게 주제넘게 무얼 안다고 입을 놀리나? 자네 같은 천치는 그대로 가만히 앉아 있는 것이 상책이니까. 그러한 미친 소리는 그만두고 자네 앞이나 쓸고 가만히 앉아 있게."

"그러면 내가 지금이라도 글 하나를 지어 보일

터이니 답해 보겠소."

혜능대사가 이와 같이 다진즉, 그 젊은 중은 대답도 아니 하고 '히히히히' 웃으면서 피하여 갈 뿐이다.

혜능대사는 밤이 되기를 기다려서 어떤 어린 사미승 아이를 달래어 촛불을 들리고 신수대사의 글이 쓰여 있는 벽상을 향하여 찾아갔다. 모든 사람들은 잠이 들어서 적막하기가 짝이 없다. 혜능대사는 사미 아이에게 붓을 들려 주었다.

"얘야, 내가 글이 무식한 고로 뜻을 일러주어도 글자는 가르쳐 줄 수가 없으니, 네가 붓을 들고 내가 말하는 대로 글을 만들어서 신수대사 글 옆에 써다오."

사미 아이도 이상하게 여겨졌던지 재촉하였다.

"예. 염려 마시고 말이나 부르십시오. 글은 내가 만들어서 쓰오리다."

혜능대사가 한숨에 말을 만들어 불러주었다.

보리는 본래 나무가 없으며

명경도 또한 대가 아니로다

하나도 본시 없거니

더럽힘이 무엇이랴

菩提本無樹(보리본무수) 明鏡亦非臺(명경역비대)

本來無一物(본래무일물) 何處惹塵埃(하처야진애)

5.

어두웠던 밤은 밝아온다. 새벽 예불의 종소리가 들리고 목탁 소리가 들려옴을 따라서, 동천에 터오는 먼동이 엷어지고 햇살이 창에 비치게 되었다.

아침 공양에 참례하려고 왔다 갔다 하던 대중들은 벽상에 쓰여 있는 신수대사의 글을 보다가, 그 옆에 쓰여 있는 혜능대사의 글을 발견하게 되었다. 그래서 큰 소동이 일어났다.

"누가 주제넘게 저런 짓을 하였나? 에잇 참, 별일이 다 많군."

벽 밑으로 모여든 대중은 서로서로 이런 말과 함께하는 말인즉, 그럴듯하게 되었다는 사람, 말도 되지 아니한다는 사람, 의심하는 사람, 욕하는 사람 등, 가지각색으로 모여 서서 떠들고 있는 판에 오조대사가 공양(供養) 차로 들어오신다.

여러 사람들은 오조대사에게 이 글을 가리키며 보시라고 하였다. 오조대사는 보시자마자 혜능의 소위인 줄로 간파하셨다.

"누가 지었는지는 모르나, 말은 그럴듯하되 견성을 한 글귀는 아니다."

오조대사의 이 말이 떨어지자, 대중은 무슨 큰 해결이나 지은 듯이 돌아보지도 아니하고 헤어지고 말았다. 그러나 당초부터 말은 그럴듯하게 되었으나 뜻은 안되었다고 주장하던 사람이 가장 승리한 듯 얼굴빛이 좋았다.

그러나 시비를 능히 가리며 흑백을 능히 판단하는 신수대사만은 혜능의 글을 보고 곧 몸이 떨렸다. 그리고 마음까지 불안하였다. 오조스님의 의발은 내 것이라고 상속받을 것으로 여기다가, 정작 눈 높은 사람이 있음을 발견하였으니 그의 상심과 낙담이 과연 어떠하였으랴?

누구라고 지적할 수는 없으나 의발을 다투는 경쟁자가 있음을 각오한지라, 오조대사의 변변치 않다는 말을 들어도 마음이 조마조마하였다.

이때에 오조대사께서는 밤이 되기를 기다려서 혜능이 있는 방앗간을 찾아갔다. 혜능은 반가이 일어나서 인사하였다. 그리한즉 오조대사는 혜능에게 물으신다.

"이 쌀은 다 희게 쓿어졌는가?"

"네 다 희게 쓿어지기는 하였으나, 아직 키질을 하지 못하였습니다."

혜능은 이렇게 대답을 하였다. 이 문답이 얼른 보

면 단순한 쌀에 대한 문답 같지마는, 기실은 그게 아니라 쌀에 비유한 도(道)에 대한 문답이다.

'쌀이 다 희게 쓿어졌느냐' 함은 자네의 공부가 다 되었는가 하는 의미요, '쌀은 다 쓿었으나 키질을 아직 못하였다' 함은 아직 견성(見性)의 인가를 맡아서 법을 받지 못하였다는 의미였다.

오조대사는 벌써 알아채시고 주장자로써 방아머리를 세 번이나 탁탁 치고 아무 말이 없이 들어가 버리고 마신다.

혜능대사는 '오늘 밤에 삼경(三更)이 되거든 들어오라'는 뜻인 줄을 알고, 밤이 되기를 기다려서 오조대사의 방으로 들어갔다.

그리한즉 오조대사는 금강경을 내어놓고 전후를 한 번 좍 일러 듣게 하더니, "나의 법을 전하는 노래를 들으라" 하며 글을 한 수 지어서 일러주신다.

유정이 와서 씨를 떨구니

씨에서 다시 과가 나도다

무정이 이미 종자 없으니

무성은 또한 남도 없으라

유정래하종 인지과환생
有情來下種 因地果還生

무정기무종 무성역무생
無情旣無種 無性亦無生

오조대사는 이 노래를 써 주시더니, 가사와 바리때를 준다. 혜능은 다시 이런 말을 여쭈었다.

"이미 스님의 법을 받았사온즉, 의발(衣鉢)이야 무슨 필요가 있습니까?"

"자네 말도 옳네마는, 달마(達摩)스님이 처음 오셨을 때는 아무도 믿는 사람이 없었네. 그래서 대사께서 소림사(少林寺)에 계시다가 혜가(慧可)대사에게 법을 전하실 때, 의발로써 신을 표하사 나에게까지 내려왔네.

그러므로 자네에게 전하는 것인즉 받아 가게. 이것도 싸움거리가 되기 때문에 자네 뒤에는 다시 전해갈 것 같지도 않네.

그런데 자네가 이곳에 있다가는 악한 사람들에게 박해를 당할지도 모르겠으니, 오늘 밤에 속히 떠나가도록 하게."

"가면 어디로 가오리까?"

"가다가 회주(懷州)라는 땅을 만나거든 머무르고, 사회(四會)라는 땅을 만나거든 몸을 피하게."

오조대사는 이렇게 혜능대사의 갈 길을 가르쳐 주고 일어나서, 혜능과 같이 여러 사람의 이목을 피하여 황매산에서 빠져나왔다.

그것은 오조대사가 혜능에게 밤길을 인도함이었다. 그리하여 험한 산골의 길로 찾아서 풀숲을 헤치고 구강역(九江驛)까지 당도하였다.

구강을 당도한즉 인적 하나 없이 고요한 밤에 임자 없는 선척만 놓여 있다. 그래서 오조대사는 혜능대사와 같이 배를 타고 건너서 혜능으로 하여금 남방을 향하여 가게 하였다.

그리고 오조대사는 그 길로 돌아와서 조실에 들

어가서 밤을 새웠다. 그런데 오조대사는 공양참례도 들지 않고 상당법문도 하지를 아니한다. 그러므로 대중이 모여서 이상케 여기고 조실에 들어가서 오조대사께 그 이유를 여쭈니, 대사는 이렇게 대답하였다.

“의발을 이미 전하게 되어서 나의 법이 이미 크게 행케 된지라, 공양에도 참례할 것이 없으며 상당법문도 할 필요가 없게 되었네.”

“그러면 의발은 누구에게 전하시었으며, 법은 누가 행하게 되었다는 말씀입니까?”

“방앗간에서 일하던 노행자 혜능에게로 전하였네.”

“아 스님도 망령이시지, 그 무식한 자가 무엇을 안다고 그리하셨습니까? 신수 같은 상수제자를 두시고…….”

“법은 인정이 없는 것이다. 여래의 정법안장(正法眼藏)을 전함에 어찌 사람에게 인정을 두겠나?”

오조대사는 이와 같이 말씀을 하시고 다시 대답하지를 아니하신다.

그러나 이 사실을 발견한 황매산의 대중은 물 끓듯 요란해지며, '노행자를 잡으러 가자'는 사람이 사방에서 자원하고 나섰다. 그래서 칠백 명의 대중이 따라나서게 되었다.

6.

혜능대사는 무심히 슬쩍슬쩍 걸음을 옮겨 놓아 대유령(大庾嶺)이라는 고개를 넘어가려 할 때, 대사의 뒤로부터 어떤 자가 고함을 치며 쫓아온다. 대사가 놀란 김에 돌아보았다.

"가는 혜능아. 오조대사에게서 가져가는 의발을 놓고 가거라."

이와 같이 소리를 치며 황매산에서 힘세기로 유명하다 하여 장군 호를 가진 혜명장군(慧明將軍)이 쫓아온다.

혜능대사는 어깨에 메었던 의발을 바위 위에 던지고 말하였다.

"이 의발은 전법(傳法)의 신(信)을 표방한 것인데, 이것을 가히 힘으로써 다투려고 하느냐? 가져갈 수 있거든 마음대로 가져가거라."

장군은 공명을 좋아하는 마음에 '성공의 꽃은 나에게 돌아왔다'는 듯이, 힘으로써 의발을 들어보니 꼼짝도 아니한다. 그래서 무서운 생각이 들고 죄를 짓는다는 생각이 났다. 그러므로 슬쩍 생각을 돌리고 말하였다.

"저는 법을 위하여 온 것이요, 결코 의발을 위하여 온 것이 아닙니다. 법을 설하여 주시옵소서."

"그대가 법을 위하여 왔거든, 모든 반연을 쉬고 한 생각도 내지 말게. 그러면 내가 자네를 위하여 법을 설하여 줌세."

혜능대사의 이 말이 떨어지니 혜명은 한참이나 말이 없어 서 있었다. 이때 혜능대사는 법문을 하시었다.

"선(善)도 생각하지 말고 악(惡)도 생각하지 말게. 정히 이러할 때에 어떤 것이 자네의 본래면목(本來面目)인가?"

혜명은 이 법문을 듣자마자 마음이 열리고 깨쳤다. 그래서 다시 물었다.

"말씀하신 밀어(密語)와 밀의(密意) 밖에, 다시 은밀한 말이 있습니까?"

"지금 내가 자네에게 말한 것은 은밀한 말이 아니거니와, 자네가 만약 반조(返照)를 할 것 같으면, 은밀한 뜻이 자네에게 있을 것일세."

"오늘날까지 황매산에 있었으나 아무것도 몰랐사옵더니, 이제 가르쳐주심을 입사와 깨치고 보니, 사람이 물을 마심에 차고 더운 것을 제가 아는 것과 같습니다. 행자님은 저의 스승이시오니 저를 제자로 삼아주시옵소서."

"그대와 나는 다 같이 황매산의 오조대사 밑에 있었으니 형제의 분이 아닌가? 구태여 그럴 필요가 없으니, 잘 보림이나 하기 바라네."

혜능대사는 이렇게 말씀하시고 의발을 들고 어슬렁어슬렁 걸어가신다.

혜명장군은 번개불 같은 찰나 간에 도를 깨침에 대하여 다행하게 여기면서도, 그렇게 은혜 깊은 스님을 잠시도 더 뫼옵지 못함을 슬퍼하는 듯, 눈물겹게 슬피 서서 혜능대사의 가는 뒷모양만 바라보았다.

그리고 다시 오던 길로 되돌아가서 쫓아오는 여러 사람을 보고, "어디로 갔는지 찾을 길이 없으니 그만두고 돌아가자."고 하여 황매산으로 돌아가고 말았다.

혜능대사는 이 길로 남방으로 갔다가, 유지략(劉志略)이라는 사람을 만난다. 이 사람은 대사를 후하게 대접하고, '저의 고모가 여승'이라 하며 소개하여 준다. 이 여승은 항상 대열반경(大涅槃經)을 외웠는데, 대사가 들어본즉 기쁘기가 짝이 없었다. 그래서 해석을 하여주었더니, 다시 여승이 글자를 들어서 대사에게 묻는다.

"나는 글자를 알지 못하오."

"글자도 알지 못하시면서 어찌 뜻을 아십니까?"

"모든 부처님의 묘한 이치는 글자에 있지 아니한 까닭이지요."

대사가 이렇게 대답하시는지라, 그 여승은 혀를 내두르고 다시금 놀랐다.

혜능대사가 다시 어느 때에 법성사(法性寺)라는 절을 갔더니 인종(印宗)법사라는 이가 마침 열반경을 강설한다. 대사가 마루 끝에 앉아서 듣고 있는데, 별안간에 바람이 불더니 당번(幢幡)(깃발)이 바람에 의해 펄러덩펄러덩한다.

이것을 본 젊은 중들이 서로서로 논쟁을 일으키되, 하나는 '바람이 동한다' 하고, 하나는 '당번이 동한다'고 하면서, 싸움을 하며 그칠 새 없이 떠들어댄다. 대사는 보시다가 참지 못하여 말하였다.

"여보시오. 나 같은 사람도 같이 의논할 수 있겠소?"

"네 좋습니다. 저 사람의 말이 옳든지 내 말이 옳든지, 어느 것이든지 옳거든 옳다고만 하여주시오."

"예 글쎄올시다. 그러나 바람이 동한 것도 아니요, 당번이 동한 것도 아니요, 두 분의 마음이 동했을 뿐이외다. 하하하하. 너무도 실례를 하였소이다."

대사는 이렇게 대답을 하였다. 두 사람은 모두 대사에게 절을 하고 탄복하였다. 따라서 열반경을 강설하던 인종법사도 곁에서 듣고 놀랐다. 그래서 대사를 조실에 모시고 법을 배웠다.

육조혜능대사는 이때부터 이름이 차츰차츰 높아지고 납자들이 모여들어서 현풍(玄風)을 떨치고 대법(大法)을 천양케 되었다.

그리하시다가 일흔여섯 되던 해에 열반하시니, 대사를 따르던 수만 수천의 사부(四部)제자 모두가 부모를 잃은 듯이 슬퍼하고, 사리를 거두어 탑을 쌓아서 모시고 비를 세워서 공덕을 찬양하였다.

대사는 나시면서부터 오조스님께 인가를 받기까지도 고생과 파란이 많으셨지만, 견성달도(見性達道)하신 뒤의 칠십육 세까지 광도인천(廣度人天)하시는 동안에도 고초와 풍파가 참으로 많았다. 그런 까닭으로 오늘날까지 육조의 법손이 천하에 가득한 것이다.

선학(先學)에 뜻하는 자, 과연 대사를 본받지 아니하지 못할지라. 육조대사는 과연 불보살의 화신(化身)이라고 하겠다.

육조대사(六祖大師)

대은 김태흡 저

一

『자— 어서 배에 오르게 여기서 머뭇머뭇하다가 그들에게 붓들리면 무수한 봉욕을 당할모양인즉。』

오조홍인(五祖弘忍)대사는 구강역(九江驛)가에 이르러서 육조혜릉(六祖惠能)의게 이와가치 배에 오르기를 재촉하엿다。달도 뜨지 아니한 어두운 밤에 악한무리를 피하야 구사일생으로 신명을 보존하야 오조대사가 가자는대로 논뚝 밭뚝 할것업시 허둥지둥하고 잡

바지며 업펴지면서 쪼차나온 육조대사는 이제야 사랐다는듯이 숨찬가심을 진정하고 선상(船上)에 올라서 『후유』하고 한숨을 쉬엇다。 그리고 곳 삿대를 잡고 배를 띄려고 한다。 이때에 오조대사는 배머리에 안저 말삼하시되

『내가 지금 자네를 건너 주려고 삿대를 찻는판인데 어느틈에 자네가 벌서 차저드럿네그려 그러나 배만 띄우게 노는 내가 저음세。』

『아니올시다。 미(迷)햇슬 때에는 스님께서 소승(小僧)을 건너 주시엇지마는 깨친 이상에는 제몸을 제가 스사로 건느는것이오니 아모말삼 마시고 그대로 안저 게십시요。』

육조대사는 이와가치 오조대사에게 대답하고 얼른 삿대를 노코 와서 노를 젓누다 밤은 극히 고요하다。물소리가 출렁출렁 할뿐이요 밤에 우는 새소리가 잇다금 잇다금 들릴뿐이다。오조대사와 육조대사의 이별을 재촉하는 노젓는소리가 삐걱삐걱하고 들릴때에 두분은 물론이려니와 물귀신까지라도 슬퍼하지 안이할수가 업스며 산천초목까지라도 근심을 먹음는듯 하엿스리라 오조대사와 육조대사는 한참이나 말이 업는 가운대 강물을 바라보며 파도치는 물ㅅ결우에 둥둥떠서 반이나 건느게 되엿다。동쪽으로 부터 새달이 밝게 떠오른다。오조대사는 육조를 바라보고

『이제 장래에 불법은 자네를 인하야 크게 발전이 될것인즉 아못조록 자네가 힘써보기를 바라네 자네는 과연 불법중에 기둥이고 들보며 불 운데서 소사오른 연화꼿일세。』

이러케 말을 건는다。물ㅅ결만 바라보고 노를젓든 육조대사는 이말을듯고 슬픈얼골비출 지으며 다시 오조대사를 바라보왓다。그리고

『황송하온 말슴이올시다。소승가튼것이 이담엔들 엇지 남의 사표되기를 기약하겟슴니까 스님을 의지하야 다못 생사대사를 판단한것만 다행으로 역일뿐입니다。그러나 스님의 의발(衣鉢)을 바닷사온즉 힘이 자라는데까지는 중생제도에 노력하기로 결심

하겟습니다。』

이와가치 온공한 말로써 대답을 하엿다。 두분의 대사는 이러케 말을 주고밧고 하는새에 어느듯 구강을 건너왓다。 이곳에서 나리지 안흐면 아니되게 생겻다。

『자 다 건너온 모양일세 어서 나리세 이제야 겨우 내 마음이 노하네 그것들이 쪼차온들 강변에 배가 업는 이상에야 저히들이 건너올수가 잇겟나。』

오조대사는 이러한말을 하며 육조대사를 안위하야 주고 배에서 나리기를 재촉하엿다。 육조대사는 말업시 오조대사를 따라서 나려왓다。 오조대사는 강변에 서서 육조대사를 바라보며

「여보게 혜릉 이제 갈리면 언제볼는지 기약이 업네그려 내가 오족 심법(心法)을 전할데가 업고 의발을 부칠곳이 업서서 항상 근심으로 지내다가 자네가튼 법긔(法器)를 만나서 다 전하고 본즉 마치 무거운짐을 젓다가 나려노은것 갓네 그러나 지기와 가튼 사제간에 한절에서 가치잇지를 못하고 갈리게 되니 섭섭한 말을 다ㅣ 할수가 업네그려。』하며 오조대사는 다시금 눈물을 지운다。

이 광경을 목도한 육조대사도 슬픈생각을 다할 길이 업섯스리라 그럼으로 수건을드러 눈을씨스며

『스님! 너머 슬퍼하시지 마십시오 이번에 가서 자리만 잡게 되

면 곳와서 뵈옵고저 합니다。 그러나 부모 보다도 더 중한 스님을 모시지 못하고 떠나가는 생각을하니 소승의 슬픈 생각도 다할길이 업습니다。』

『여보게 이러케 하다가는 이곳에서 날이 샐지도 모르겟네 어서도라서게 아못조록 어두운데 조심하야 가게。』

『그러면 스님께서도 안녕이 가십시오 엿자올말삼이 만사오나 사정이 사정인만콤 길게 끌수가 업사온지라 소승은 바로 가겟습니다。』

육조대사는 이러케 오조대사께 고별한후 가다가 도라보고 가다가 도라보면서 떠려지지 안는 발자죽을 옴겨 노앗다。 오조대사도

헤릉의 외로운 그림자가 사라질때까지 강변에 섯다가 발자취를 감추고 마랏다。 그러면 육조대사는 엇더한 대사인가?。

二

지나(支那) 당(唐)나라 무덕(武德)텬자가 계실때에 남해신주(南海新州)라는 곳에 노행도(盧行瑫)라는 사람이 잇섯스니 이 양반은 일즉이 한미한벼슬을 살며 지방 관원으로 만히 잇섯다。 그러나 원래부터 품성이 고결하고 텬성이 인자하여서 백성을 대하되 친자식과 가치하고 전곡간에 무엇이든지 여유가 잇스면 남에게 펴 주기를 조와 하엿다。 그런까닭으로 벼슬 사리와 골사리를 그 칠새업시

하엿스나 집안은 노 어려웟다。그러나 그는 빈한함을 괘의치 안코 늣도록 자식이 업슴을 슬퍼하엿스며 남에게 적덕을 펴는것도 귀여운 자식을 나코저 함이엿다。또는 자식을 나트래도 범용한자식은 뜻하지 안이한배라 항상 초범한 자식을 나코저하엿다。그래서 자식발원의 목적으로 명산과 대찰을 차저단이며 기도를 드림도 한두번이 아니엿다。그의 부인되는 리씨(李氏)부인은 그중에도 남달리 신심(信心)이 기픈 사람이라 더욱히 기도를 드리고 정성을 닥기에 여렴이 업섯다。그런데 어느날에는 리씨가 잠을자는데 이상한 몽조를 보게 되엿다。그 몽조라함은 엇더한 보살님이 구름을 타고 공중에서 나려오드니 품안으로 드러가는 몽조이엿다。그부인

은 이 꿈을 꾸고나니 이상한 향내가 방에 가득하고 심신이 상쾌하엿다。 이때로부터 태기가 잇서서 리씨부인은 몸이 무거워젓다。

그러나 이상한것은 십삭이 지나되 아모 동정이 업고 수무달이 지나되 아모 동정이 업섯다。 그래서 깃버하든 그남편되는 행도도 낙망하고 무슨 병이라고 생각 하엿다。 그리고 당자되는 리씨부인도 역시 병으로 자처하엿다。

그래서 여러사람들은 씨부인을 빈정거리며

「너머도 불심이 만트니 귀동자 낫는 대신에 피를 다배엿군」하며 흉보는 사람도 만햇다。 리씨부인은 이러케 여섯해를 지내서 별안잔에 아랫배가 아프드니 귀동자를 출생하엿다。

그런데 그어린애의 머리로 부터 한줄기의 광선이 하날로 치뻐치며 아름다운 향내가 집안에 가득하엿다。 그럼으로 어린애의 아버지되는 노행도도 깃붐이 만면하야 엇지할줄을 몰라하엿다。 하로밤을 지내서 어데로 부터 왓는지 알수업는 거룩한 대사님 한분이 동량하러 단이는 승려와 가치 노행도의 문깐에 나타나서 주인을 찻드니 인사말을 건는뒤에 이러케무르되

「댁에서 귀한 동자를 나신일이 입습닛가。」

하엿다 그래서 노행도도 이상스리 역이고 대답하엿다

「대사님은 어대서 오신 어른인데 그러케 아십닛가。」

「네ㅣ 내가다알지요 그런데 그애의 이름은 혜릉 惠能 이라고 지

어 주기를 바랍니다。」

「대관절 혜릉은 무슨뜻입닛가?。」

「네 - 혜라고하는 글자는 은혜혜짜이닛가 조혼법으로써 일체중생에게 혜택을 주어서 건저준다는 뜻이요 능자는 능히 불사(佛事)를 짓는다는 뜻입니다。」

이말이 떠러지자마자 그 대사님은 온데간데가 업시 자취를 감추고 말앗다。그런데 혜릉은 나면서 부터 어머니의 젓을 빨시안코 굴머서 큰다 그러나 울고 보채는 법도 업다、그 어머니가 하도 이상스러워서 어느날 밤에 자지를 안코 일부러 딴방에서 자는 애기를 바라다 본즉 정 밥중이 되드니 난데업는 풍악소리가 진동하며

하눌사람이 무수하게 나려온다。 그래서 무슨 병을 기우리드니 감로수(甘露水)를 혜릉의 입에 대여준다。 그후부터 리씨는 안심하고 젓먹일 생각을 끈어버렷다。 이럴수록에 노행도의 두부부는 혜릉을 금지옥엽과 가치 귀엽게 키우고 장래의뉘만 보려고 질겁게 그날그날을 보냇다。

그런데 혜릉이 세살 먹든 해에 그 아버지되는 노행도가 우연하게 병이 들더니 그만 불행하게도 이 세상을 하직하고 만다。 리씨는 아모것도 모르는 혜릉을 껴안고 안저서 두 다리를 뻐치고 대성통곡을 하엿다。

『그러케 귀여하든 자식의 뉘ㅣ를 이내 보지못하고 그만 세상을

버렷구려」

이와 가치 넉두리를 하면서 구슬푼 우름을 울때에는 지내가든 동네 사람도 동정의 눈물을 흘리지 아니할수가 업섯다。 리씨부인은 죽은 남편을 출상한후 홀어머니가 되여가지고 외아들인 헤릉을 하눌가치 밋고 태산가치 미드며 적막한 생활을 계속하엿다。 남편이 사러잇슬때에는 권도살님으로 그다지 곤궁하게 지내지를 아니하엿지마는 남편을 이른 뒤로부터 점점 집안이 주러들고 패하여갈 뿐이엿다。 그러키 때문에 읍에서 살든집을 팔고 촌으로 나오게 되고 헤릉도 서당에 너흘 나히가 되엿지 마는 서당에 보낼 도리가업섯다。

그래서 혜릉은 육칠세 부터 지게를 지고 산에 가서 나무를 해오게되엿다 어머니는 남의 집에 품마시를 단이며 쌀되박식 파라오고 아드님 되는 혜릉은 산에 가서 나무를 하여다가 그날그날에 굴뚝의 연기를 끈치 안코 가는 연기를 내며 입에 풀칠을 하고 살게되엿다 그러나 혜릉이 차츰차츰 자라면서부터는 엉뚱한 생각이나서 그 어머니를 편안하게 모시고 싶엇스나 오족 배운게 나무비는 일박게 업는지라 모처럼 큰 뜻을 내엿스나 물거품으로 도라가고 마랏다。 그래서 혜릉은 나무 장사를 시작 하여서 하로 한짐식 걸머지고 장에 가서 팔고 쌀ㅅ되식 사가지고 집으로 도라 와서 밥울지여 먹고 그 어머니를 위하고 잇섯다。 그리고 본족 혜릉은 머

리가 봉두난발이 되고 손가락은 험하기 짝이 업시되엿다。그 어머니는 혜릉의 얼골을 드려다 볼때마다 다시금 한숨을 지우고 눈물겨워 하기를 마지아니하엿다。

「너의 아버지가 사라게시엿드면 이러케 험한생활은 하지안코 그래도 글자를 배워서 과거라도 하고 세상에 출세하여서 입신양면을 할것인데 이제는 그만 상놈이 되고 마랏구나。」

리씨부인은 어느 때에 이러케 말을 하고 눈물을 흘리며 애끗는 간장을 태웟다。그리고 다시게속하야 말하되

「너도 이제 나히 이십이 넘엇스니 장가도 드려서 댁내를 마저드려야 하지 안켓늬 그런즉 어서어서 한푼이라도 모와라 내가 저

그나마 철냥이 잇스면 자식의 장가 밋천이라도 대여줄것인데 그러치 못한족 부모된 보람이 업구나 그러나 모다 운수소관이니 엇지할수 잇늬 아못조록 네가 피잇게 잘 버러서 어서 장가를 들고하야 귀여운 손자라도 보게 하여라」

이와가치 혜룡을 보고 마음속에 업는 말을 하엿다。 그러나 혜룡은 이에 대하야 드른체도 안이하고 장작이나 패고 물이나 길어드리고 불이나 지펏슬뿐이다。

三

어느날에 혜룡은 장작을 한짐 질머지고 장으로 나갓다。 장작짐

을 지고 장ㅅ가운데로 지내가자닛가 엇던 객승(客僧)이 남의집 문깐 박게서 금강경을 외오고서 잇는데 그 경읽는소리를 드른즉 그전에 만히 듯든 소리 가치 반가우며 가기가 실엇다。 그래서 무거운 나무짐을 진것도 이저버리고 장승처럼 서서 그 경읽는 소리를 유심하게 듯다가「벅벅이 주착하는바가 업시 그 마음을 내라」하는 구절을 읽는데 다다러서 혜릉은 홀연히 깨친바가 잇 다。 나무짐이며 몸뚱이까지 이저버린듯 마음이 상쾌하야 곳 공중으로 날려서 올라갈것 가탯다。 그래서 그 객승의 독경소리가 끗남을 기다려서 무렷다

「여보십시오 지금 읽으신 글이 무슨 글이오닛가。」

「아ㅡ 지금 내가 읽은 글말인가 이 글은 금강경(金剛經)이라는 불경일세 그 총각이 나무짐은 지고 단여도 책권이나 배운모얌이로군 무슨 책까지나 배웠나。」

「아니올시다。 글하고는 나와 손방입니다。 나는 무식하여서 글ㅅ자라고는 한자도 모릅니다。 그러나 스님의 외우는 글소리를 드른즉 저의가슴이 시원하여지며 이상하게도 마음이 열리는것 가태서 뭇자오는것입니다。 그런데 그 경은 어데서 가르치며 누가 잘 아는지 들려주실수가 업겟습닛가。」

「그것 참 이상한말도 듯겟군 글은 모르노라 하면서도 글소리가 조타고하니 다ㅡ숙연이로군 여보게 이 경책은 황매산(黃梅山)이

라는 산에 절이 잇는데 그곳에 잇는 오조홍인대사(五祖弘忍大師)라는 스님이 잘 아시고 항상 이 경책을 여러사람에게 권하고 잇스니 거기가서 무러보게 저런사람이 중이되면 반드시 크게 되렷다。」

객승은 이러케 대답을하고 「나는 밧버서 가네」하며 어느곳인지 발자취를 감추고 만다。

혜릉은 이때에 중될생각이 문듯 나서 그거름으로 황매산을 차저가고 싶엇다。 그러나 어머니를 생각한즉 그러케 급속히 갈수가 업는지라 나무를 파러가지고 쌀을 사서지고 집으로 도라갓다。 그리고다시 엇더한 동네양반에게 잘말을하여서 일년동안 먹을 양식을

구처하야 어머니께 울리고 어머니에게 중이되러 갈터이니 허락하시겟느냐고 무럿다」 그리한즉 그러케도 장래를 바라든 자식이언만 무슨 생각한바와 결심한바가 잇는듯이

「오냐 중이되고 십거든 가거라 본시부터 부처님께 비러서난 너인데 엇지 세상에서 살기를 바라겟늬 네가 중이 되고저함은 네마음이 아니라 부처님께서 부르시는것이다。」

「그러치만 어머니께서 고생하실 생각을 한즉 쾌쾌히 갈수가 업습니다」

「고마운말이다」 그러나 산닙에 거미줄 쓸켓늬 죽은사람이 불상하지 산사람은 다―먹고살게 마련이닛가 내겨정은 아에 말고 어서

네 소원대로 산으로 가거라 그래서 아못조록 훌륭한 도승이 되여서 이 불상한 어미를 지도나 하여다구 그러나 네가 원청강 배운것이 업는고로 중이되여도 훌륭한중이 될것갓지 아니하닛가 이것이 렴려이다。」

「그러면 이 불효한 자식은 곳 황매산으로 가겟습니다。 어머님 안령히 게십시요。」하고 혜릉은 의복도 가라입지 아니하고 봉두난발 그대로 떠나려 한다。 리씨부인은 헌옷가지 꾸며논것을 내여주며

「얘 너머도 숭하다 머리라도 다시 비서따코 옷을 가라입고서 가거라。」

「그만 두십시요 산으로 가는사람이 모양볼것이 잇겟습닛가 이대

로 좇습니다。」하고 절을 하드니 그대로 가버리고 만다。 리씨부인은 눈이 빠지도록 혜릉의 가는 뒤모양을 바라다보며 눈물이 글성글성 하얏섯다。

四

도를 구하는 마음이 간절한 혜릉은 봉두난발로서 황매산에 나타낫다。 이 산에는 칠백명이나되는 수행납자가 우글우글 끌는 절이라 여러 납자들이 촌스럽듸 촌스러운 혜릉을 보고 별별잡소리를 다하며 놀려댄다。 혜릉은 오조홍인대사(五祖弘忍大師)께 인사를 드리엿다。 오조대사도 혜릉을 이상스럽게 여엿든지

「너는 어데서 온 아희냐。」하엿다。

「네ㅣ령남(嶺서)서 왓습니다」

「그러면 이 산중에 무엇을 구하러 왓느냐。」

「오즉 부처가 되려는 소원입니다。」

「부처가 되고싶어 그러나 령남사람은 불성이업는데 네가 백제 부쳐가 되겟다고 하느냐。」

「스님 무슨 그런말슴을 하심닛가 사람은 남북이 잇지만은 불성도 남북이 잇습닛가。」하며 혜릉은 성을 내엿다。 그리한즉 오조대사는 법그릇인줄을 알면서도 무안하신듯이 꾸지저 이르되

「꼴보다 말은 제법한다마는 네꼴에 부처가 다 무에냐 허깐에가서 일이나 하고 잇거라。」하며 내쫏는다。

혜릉은 할수업시 오조대사에게 인사를 드리고 그날부터 방아깐에 드러가서 방아꾼노릇을 하게되엿다。 칠백여명이나 먹어내는 고양미쌀을 혼자 마타서 찌여내는고로 밤이나 나지나 쉴새가 업섯다。 그나마 방아가 물방아나 연자방아 갓드래도 힘이 덜들터인데 방아조차 드딜방아라 몸은 가볍고 힘이 약하여서 찌여내기가 어려운고로 등어리에 묵어운 돌맹이를 지고 듸딜방아에 올나서서 오르고 나리기를 말지아니하엿다。 그러나 「응무소주이생기심(應無所住而生其心)이니라」한 금강경의 글꾸를 한시도 이저버리지안코 참구하며 보림하기를 쉬지 아니하엿다 부쳐가 되여보려고 큰뜻을 품고 다정한 어머니까지 버리고 출가한 혜릉은 오나가나 마찬가지로 산에와

서 잇다는 말뿐이요 몸에 고역은 마찬가지엿다。마실집에서 나무꾼으로 잇든것이 절에와서 방아꾼이 되엿슬뿐이다。그리하야 동모들의 천대와 육신의 고통은 가고 갈수록 더욱히 심하엿다。오히려 산에 오지 아니한것이 나엇슬지도 모를일이다。그러나 혜릉의 심리작용에 잇서서는 그때에 객승으로부터 금강경의 법문을듯고 활연대오(闊然大悟)를 하얏는지라 산에와서 더 깨칠것도 업스며 구할것도 업다。다못 보림할뿐이요 깨친바를 직힐뿐이다。그러키때문에 오조대사를 지긔(知己)로 알고 말업시 령지(靈知)가 상통하야 든든하게 녁이고 잇슬뿐이다。그럼으로 여덜달동안을 하로가치 고역을 하되 실타는말도 업스며 법을 무러보려는 생각도 업시

천진보살 그대로 지내오게 되엿다。 그런고로 중이되려고 왓겻마는 오게십게(五戒十戒)를 밧는 사미승(沙彌僧)도 되지못하고 사미견습생인 행자(行者)로 잇섯다。 말하자면 노도령 노총각 노처사 노행자로 아주 말석에도 또 말석인 가장나진 지위로 칠백승려가 공부하는 큰방에도 드러서보지 못하고 방아깐에서 먹고자고 잇게되엿다。 이것을보면 이러케 근고노력한 혜릉대사도 장하지만은 불법의 동량이되며 도긔법긔가 되리라고 미리 아라채리고 방아깐에 집어너은 오조대사의 견식이 더 장하다고 아니볼수가업다。 그러나 혜릉대사로 하야금 언제까지도 방아깐에만 처박아둘수가 업는 사정이라 오조대사는 혜릉에게 의발(衣鉢)을 전하야 멀리 보내서 불법

을 크게 발전식히려는 생각이 소사낫다。 그러나 칠백명의 대중이 너도나도하며 모다 오조대사의 의발을 다투고 잇는판이라 갓닥 잘못하면 혈전(血戰)이 이러날 형편이다 그런까닭으로 오조대사는 어느날에 묘한꾀를 내엿다。 그래서 어느날에 대중에게 말삼하되 「정법(正法)은깁고깁허서 알기가 어려운고로 대중가운데 득도한자가 잇스며 오도(悟道)한자가 잇다 할지라도 용이하게 인가할수가 업스닛가 각각 뜻대로 게송(偈頌)을 하나씩 지여서 가지고 오도록 하라 그래서 만일 내뜻에 부합하면 의발을 전코저하노라。」하엿다。

이말이 뚝 떠러지니 칠백명의 대중은 귀먹은듯 소리가 업시 서

로서로 얼골만 치어다보며 두리번 두리번 할뿐이엿다。이때에 칠백명 대중가운데 가장 존경을 밧는이는 신수(神秀)대사라 하는이가 가장 놉흔자리에 잇는데 그는 내외서적을 무불통지하고 선지(禪旨)도 놀납다고하는 재덕이 겸비한 수좌(首座)엿다。그래서 여러사람들은 신수대사의 얼골을 살피며

『우리회중에야 신수대사를 내여노코 누가 감히 당할사람이 잇나 아모리 하여도 오조대사의 의발은 신수대사에게로 전하게 되는게지。』

이와가치 귓속말로 중얼거리는 말소리가 들린다。이런 말소리가 여기저기서 들여옴을 눈치챈 신수대사는 자부심이 업는것도 아니

엿다。

그러나 오조대사의 인가를 맛기에 적당한글을 지으려한즉 입이 버러지지저를 안이하고 붓이 써지지를 아니한다。 그럼으로 신수는 똥이타도록 애를써서 글한수를 지엿스나 즉접 오조대사에게 갓다 바칠 용기가 업섯다 그래서 멧번이나 주저주저 하다가 여려사람이 통행하는 누마루 벽상에다가 사람이 보지안는틈을 타서 써부첫다。

> 몸은 보리의 나무요
> 마음은 명경의 대이니

시시로 떨고 시처서 드럽히지 말지로다
(身是菩提樹、心如明鏡臺、時時勤拂拭、勿使惹塵埃)

오조대사가 아침에 지내시다가 문듯 이 글을 보고 곳 신수의 소위임을 아랏다。 그래서 찬탄하야 말삼하되

『후대에 누구든지 이 글로 공부할것 가트면 승과(勝果)를 어들것이다。 누가 지엇는지는 모르되 매우 잘 지은 글이다。』

이러게 무수히 칭찬하시엿다 그래서 본시부터 이 벽상에 능가변상(楞伽變相)을 그리려하다가 이 글이 써여잇슴을 보고 중지하엿다。 그리고 여러 제자에게 이 글을 외우고 이 글로 공부를 하라

고 권하엿다。 그럼으로 여러사람들은 서로 다투어가며 이 글을 외우고 을푸기를 마지안는다。 심지어 사미승아히들과 부목까지도 이 글을 외우게 되엿다。 혜릉대사는 방아깐에 잇스면서도 이글을 귀동량하야 듯게되엿다。 그래서 혜릉대사는 엇던 절문중에게 무럿다。

「그 떠들석하게 외우고 단이는 글이 무슨 글이요。」

「저런제ㅣ기 천치가트니라고 무식한사람은 할수가 업단말이야 그걸 모른단 말인가 지금 오조대사께서 법을 전하려고 대중에게 각각 글을지여오라고 하여서 우리 신수대사가 그러케 글을지여서 저ㅣ동행하는 벽상에 써부첫더니 오조대사께서 인가하시고 극구찬탄하신 글인데 그것을 모른단말인가 예ㅣ라 멍텅구리가트

니라고 저런게 다ㅣ밥을먹고 사닛가 우리대중에 양식이 귀할수 박게 잇나」

「그러면 그 글뜻을 나에게 좀 일러서 듯겨주구려。」

「에ㅣ그것참 성가시게도 구는군 자네게 일러주면 무얼하나 우이독경이지 무얼아나。」

「그러치만 좀 드러봅시다。」

「그러면 자ㅣ색여서 들려줏게 잘드러보게 몸은 이 리수요 마음은 면경대와가트니 시시때때로 부즈런히 떨고시처서 때가끼지 말게하라는 의미일세 자ㅣ그만하면 아랏는가。」

「네ㅣ다아랏소이다。그러나 아름답기는 하되 요달(了達)하지는 못

한글이외다。」

「건방지게 주저넙게 무얼안다고 입을놀리나 자네가튼 천치는 그대로 가만히 안저잇는것이 상책이닛가 그러한 미친소리는 그만두고 자네압히나 쓸고 가만히 안저잇게。」

「그러면 내가 지금이라도 글하나를 지여뵈일터이니 답해보겟소」

헤릉대사가 이와가치 다진즉 그절문중은 대답도 아니하고「히히히히」웃으면서 펴하야 갈뿐이다。 그럼으로 헤릉대사는 밤이되기를 기다려서 엇던 어린 사미승아히를 달래서 초뿔을 믈리고 신수대사의글이 씨여잇는 벽상을 향하야 차저갓다。 모든 사람들은 잠이드러서 적막하기가 짝이 업다， 헤릉대사는 사미아히에게 붓을들리고

「얘야 내가 글이 무식한고로 뜻을 일러주어도 글자는가리처 줄 수가 업스니 네가 붓을 들고 내가 말하는대로 글을맨드러서 신수대사글엽헤 써다고」하엿다。

사미아히도 이상하게 역엿든지

「네—염려마시고 말이나 부르십시요 글은 내가 맨드러서 쓰오리다。」하면서 재촉하엿다

그래서 혜릉대사가 한숨에 말을 맨드러 불러주니

> 보리는 본래에 나무가 업스며
> 명경도 또한 대가 아니로다

하나도 본시업거니 드럽힘이 무에랴
菩提本無樹 明鏡亦非臺 本來無一物 何處惹塵埃)

五

어두엇든 밤은 발가온다 새벽녜불의 종ㅅ소리가 들리며 목탁소리가 들려옴을 따라서 동천에 더오는 먼동이 열버지고 해쌀이 창에 비치게되엿다。 아침고양에 참례할려고 왓다갓다하든 대중들은 벽상에 써워잇는 신수대사의글을 보다가 그여페 씨어잇는 혜릉사의글을 발견하게 되엿다。 그래서 큰소동이 이러낫다。

「누가 주저넙게 저런짓 하엿노 에ㅣ참 별일이 다ㅣ만쿤」

벽미르로 모여든 대중은 서로서로 이런말을 하며 말은 의수하게 되엿다는사람 말도 되지아니하엿다는사람 의심하는사람 욕하는사람 가진각색으로 모여서서 떠드는판에 오조대사가 공양(供養)차로 드러오신다 여러사람들은 오조대사에게 이 글을 가르치고 보시라고 하엿다 오조대사는 보시엿다 벌서 혜릉의 소위인줄로 간파하시엿다。

「누가 지엿는지는 모르나 말은 의수하되 견성한글꾸는 아니다」

오조대사의 이말이 떠러지자 대중은 무슨 큰해결이나 지은듯이 도라보지도 아니하고 헤여지고 마랏다 그러나 당초부터 말은 의수하게 되엿으되 뜻이 안되엿다고 주장하든 사람이 가장 승리한듯

얼골빗이 조왓다。 그러나 시비를 능히 가리며 흑백을 능히 판단하는 신수대사만은 혜릉 글을 보고 곳 몸이 떨렷다。 그리고 마음까지 불안하엿다。 오조스님의 의발은 내것이라고 상속 바들것으로 역이다가 정작 눈노픈 사람이 잇음을 발견하엿으니 그의 상심과 락담이 파연 엇더하얏스랴 누구라고 지적할수는 업스나 의발을 다투는 경쟁자가 잇음을 각오한지라 오조대사의 변변치안타는 말은 들어도 마음이 조마조마하엿다。

이때에 오조대사께서는 밤이되기를 기다려서 혜릉이잇는 방아깐을 차저갓다 혜릉은 반가히 이러나서 인사하엿다。 그리한즉 오조대사는 혜릉에게 무르시되

「이쌀은 다 히게 쓰러젓는가。」
「네 다 히게 쓰러지기는 하엿으나 아직키질을 하지못하엿습니다」
혜릉은 이러케 대답을 하엿다。 이 문답이 얼는보면 단순한 쌀에 대한 문답갓지마는 기실은 그게 아니라 쌀에 비하야 도(道)에 대한 문답이다 쌀이다 히게 쓰러젓는냐함은 자네의공부가 다 되엿는가 하는 의미요 쌀은 다 쓰럿스나 키질을 아직 못하엿다함은 아직 견성(見性)의 인가를 마타서 법을 밧지못하엿다는 의미엿다。 오조대사는 벌서 알아채시고 주장자로써 방아머리를 세번이나 탁탁치고 아모말이업시 드러가버리고 마신다。 혜릉대사는 오늘밤에 삼경(三更)이 되거든 드러오라는 뜻인줄을 알고 밤이되기를 기다려서

오조대사의 방으로 드러갓다。 그리한즉 오조대사는 금강경을 내여 노코 전후를 한번 좌ㅣㄱ일러듯기드니 나의법을 전하는 노래를 드르라하며 글을 한수 지여서 일러주신다。

유정이 와서 씨를 떠루니
씨에서 다시 과가 나도다
무정이 이미 종자 업스니
무성은 또한 남도 업소라
(有情來下種、因地果還生、無情旣無種、無性亦無生)

오조대사는 이 노래를 써주시드니 가사와 발이때를 준다。 혜릉

은 다시 이런말을 엿주엇다

「이미 스님의 법을 바닷사온즉 의발이야 무슨 필요가 잇슴니가。」

「자네말도 올레만은 달마(達摩)스님이 처음오시여서 아모도 밋는 사람이 업섯네 그래서 대사께서 소림산에 게시다가 혜가대사에 게 법을 전하실때에 의발로써 신을 표하사 나에게까지 나려왓네 그럼으로 자네에게 전하는것인즉 바다가게 이것도 싸암거리가 되기때문에 자네뒤에는 다시 전해갈것 갓지도안네 그런데 자네가 이곳에 잇다가는 악한사람들에게 박해를 당할지도 모르겟스 니 오늘밤에 속히 떠나가도록 하게。」

「가면 어대로 가오릿가。」

「가다가 회주(懷州)라는 땅을 만나거든 머무르고 사회(四會)라는 땅을 만나거든 몸을 피하게。」

오조대사는 이러케 혜릉대사의 갈길을 가리처주고 이러나서 혜릉과가치 여러사람의 이목을 피하야 황매산에서 빠저 나왓다。

그것은 오조대사가 혜릉에게 밤길을 인도함이엿다。 그리하야 험한 산골의 길노 차저서 풀섭을 헤치고 구강역(九江驛)까지 당도하엿다。 구강을 당도한즉 인적하나업시 고요한 밤에 임자업는 선척만 노여잇다。 그래서 오조대사는 혜릉대사와 가치 배를타고 건너서 혜릉으로 하여금 남방을 향하야 가게하얏다。 그리고 오조대사는 그길로 도라와서 조실에 드러가서 밤을 새웟다 그런데 오조대사

는 공양참례도 들지안코 상당법문도 하지를 안이한다。 그럼으로 대중이 모혀서 이상케 역이고 조실에 드러가서 오조대사께 그리유들 엿자온즉 대사는 이러케 대답하엿다

「의발을 이미 전하게 되여서 나의법이 이미 크게 행케된지라 공양에도 참례할것이 업스며 상당법문도 할필요가 업게되엿네。」

「그러면 의발은 누구에게 전하시엿스며 법은 누가 행하게 되엿단 말슴입닛가。」

「방아깐에서 일하든 노행자 혜릉에게로 전하엿네。」

「아ㅣ스님도 망녕이시지 그 무식한자가 무엇을 안다고 그리하섯습니까 신수가튼 상수제자를 두시고……。」

「법은 인정이 업는것이니 여래의 정법안장(正法眼藏)을 전함에 엇지 사람에게 인정을 두겟나」

오조대사는 이와기치 말슴을하시고 다시 대답하지를 아니하신다。그럼으로 이 사실을 발견한 황매산의 대중은 물끌틋 요란하여지며 노행자를 잡으러가자는 사람이 사방에서 자원하고 나서게 되엿다。그리고 칠명백의 대중이 따라나서게 되엿다。

六

혜릉대사는 무심히 슬적슬적 거름을 옴겨노아 대유령(大庾嶺)이라는데를 향하야 넘어가려 한즉 대사의 뒤로부터 엇던자가 고함

을치고 쪼차온다。 대사가 놀란김에 도라보니

「가는 혜릉아 오조대사에게서 가저가는 의발을 노코 가거라。」

이와가티 소래를 치며 황매산에서 힘세기로 유명하다하야 장군

호를 가진 혜명장군(慧明將軍)이 쪼차온다

혜릉대사는 억깨에 메엿든 의발을 바위우에 더지고

「이 의발은 전법의 신을 표한것인데 이것을 가히 힘으로써 다투

려고 하느냐 가저갈수 잇거든 마음대로 가저가거라。」하엿다

장군은 공명을 조와하는 마음에 성공의꿋은 나에게 도라왓다

듯이 힘으로써 의발을 드러보니 땅금도 안이한다。 그래서 무서운

생각이 들며 죄를 짓는다는 생각이 낫다。 그럼으로 슬적 생각을

돌리고 말하되

「저는 법 을위하야 온것이요 결코 의발을 위하야 온것이 안입니다。 법을 설하야 주시옵소서」하엿다。

「그대가 법을 위하야 왓거든 모든 반연을 쉬고 한생각도 내지말게 그러면 내가 자네를 위하야 법을 설해줌세。」

혜릉대사의 이말이 떠러지니 혜명은 한참이나 말이업시 서서 잇섯다。 이때에 혜릉대사는

「선(善)도 생각하지 말고 악(惡)도 생각하지 말게 정히 이러할때에 엇던것이 자네의 본래면목(本來面目)인가。」

이러한 법문을 하시엿다。 그리한즉 혜명은 이 법문을 듯자마자

마음이 열리고 깨치엿다。 그래서 다시 무르되
「우에 말삼하신 밀어밀의(密語密意)박게 다시 은밀한말이 잇습닛가。」하엿다
「지금 내가 자네에게 말한것은 은밀한말이 아니거니와 자네가 만일 반조(返照)한달것가트면 은밀한뜻이 자네에게 잇슬것일세」
「오늘날까지 황매산에 잇섯스나 아모것도 몰랏사옵더니 이제 가리처 주심을 입사와 깨치고보니 사람이 물을마심에 차고 더운것을 제가 아는것과 갓습니다。 행자님은 저의 스승이시오니 저를 제자로 삼아주시옵소서。」
「그대나 내나 다—가치 황매산에 오조대사미테 잇섯스니 형제의

분이 안인가 구태히 그럴필요가 업스니 잘 보림이나 하기 바라네。」

혜릉대사는 이러케 말삼하시고 의발을 들고 어실렁 어실렁 거러가신다。 혜명장군은 번개불가튼 찰나간에 도를 깨침에 대하야 다행하게 역이면서도 그러케 은헤기픈 스님을 잠시도 더뫼옵지 못함을 슬퍼하는듯 눈물겨웁게 슬피 서서 혜릉대사의 가는뒤모양만 도라보앗다。 그리고 다시 오든길로 회정하여서 쫏차오는 여러사람을 보고 어데로갓는지 차질길이 업스니 그만두고 도라가자고 하야 황매산으로 도라가고 마랏다。

혜릉대사는 이길로 남방으로 가다가 유지략(劉志略)이라는 사람

을 만낫다 이사람이 대사를 후하게 대접하고 저의 고모가 녀승이라 하며 소개하여준다。 이녀승은 항상 대열반경(大涅槃經)을 외움으로 대사가 드러본즉 깃부기가 짝이업섯다。 그래서 해석을 하여주엇드니 다시 녀승이 글자를 드러서 대사에게 뭇는다。

「나는 글자를 아지못하오。」

「그러면 글자도 아지못하시면서 엇지 뜻을 아십닛가。」

「모든 부처님의 묘한리치는 글자에 잇지아니한 까닭이지요。」

대사가 이러케 대답하시는지라 그녀승은 혀를 내여두르고 다시금 놀랫다。 혜릉대사는 다시 어느때에 법성사(法性寺)라는 절을 갓드니 인종(印宗)법사라는이가 마침 열발경을 강설한다。 대사가 마

루끄테 안저서 듯자니까 별안간에 바람이 불드니 당번(幢幡)이 바람에 불려서 펄러덩 펄러덩 한다。 이것을본 젊은중들이 서로서로 논쟁을 이르키되 하나는 바람이 동한다고 하고 하나는 당번이 동한다고 하야 싸홈을하며 그칠새업시 떠들어댄다 대사는 보시다가 참지못하야

「여보시오 나가튼사람도 가치 의논할수 잇겟소。」하엿다

「네ㅣ좃습니다。 저사람의말이 올튼지 내말이 올튼지 어느것이든지 올커든 올타고만 하야주시오」

「네ㅣ글세올시다 그러나 바람이 동한것도 안이요 당번이 동한것도 아니요 두분의 마음이 동햇슬뿐이외다。 하하하하 넘어도 실

례를 하엿소이다。」

대사는 이러케 대답을하엿다。 두사람은 모다 대사에게 절을하고 탄복하엿다。 따라서 열반경을 강설하든 인종법사도 겨테서 듯고 놀랫다。 그래서 대사를 조실에 모시고 법을 배웟다。 육조혜릉대사는 이때부터 이름이 차츰차츰 노파지고 납자가 끄러모혀서 현풍(玄風)을 떨치고 대법(大法)을 천양케되엿다 그리하시다가 일은여섯되든해에 열반하시니 대사를 붓다르든 수만수천의 사부(四部)제자가 모다 부모를 이른듯이 슬퍼하고 사리를 거두어 탑을싸서 모시고 비를 세워서 공덕을 찬양하엿다。 대사는 나시면서부터 오조스님께 인가를 맛기까지도 고생과 파란이 만흐섯지만은 견성달도하신

뒤에 칠십육세까지 광도인천(廣度人天)하시는 동안에도 고초와 풍파가 참으로 만헛다。 그런까닭으로 오늘날까지 육조의 법손이 천하에 가득한것이다。 선학(禪學)에 뜻하는자 과연 대사를 본밧지 아니치 못할지라。 육조대사는 과연 불보살의 화신(化身)이라고하겟다。

(六祖檀經에서)

昭和七年十二月十三日 印刷
昭和七年十二月十五日 發行
昭和十一年二月十日 再版發行

육조대사
定價八錢

著作人 金泰洽
京城府館洞五ノ三七番地

發行人 金寂音
京城府安國洞四〇番地

印刷人 劉國鍾
京城府安國洞一五三

印刷所 中央佛具店印刷部
京城府安國洞一五三

發行所 禪學院
京城府安國洞四〇番地
振替京城七一二一

發賣所 中央印書館
京城府安國洞一五三
振替京城一二一七八番